AF494714

JESUS-CHRIST,

OU

LA VERITABLE

RELIGION.

TRAGÉDIE.

Par M. DE-BOHAIRE.

A PARIS,

Chez la Veuve DUCHESNE et Fils, Libraires,
rue Saint-Jacques, au Temple du Goût.

1792

PERSONNAGES.

JESUS.

PILATE.

CAIPHE.

MADELEINE.

ZÉLINE, *Confidente de Madeleine*.

PRINCES DES PRÊTRES,
PRÊTRES ET DOCTEURS.

PEUPLE ET SOLDATS.

(La Scène est à Jérusalem, savoir: pour le premier Acte, sur une Place; pour le second, dans le Temple; pour le troisième, dans le Jardin des Oliviers; pour les quatrième et cinquième, dans un lieu près le Calvaire).

*LETTRE de l'Auteur, aux Comédiens
du Théâtre de la Nation.*

Messieurs,

Je vous ai présenté ma Tragédie, intitulée : *Jésus-Christ, ou la véritable Religion*. Ce genre étant nouveau, vous avez paru desirer qu'il acquît une sorte de consistance dans le Public auparavant de vous décider à la représenter.

Les Cultes sont libres, la nature l'a dit avant nos loix ; la morale du nôtre paroit la plus conforme à la raison, sur-tout quand on s'en tient à l'Evangile. Mon but est d'en apprécier, en quelques sorte, le véritable sens en faisant parler, mettant en action ses différens caracteres, et d'ajouter, s'il est possible, à la publicité du sublime d'une œuvre, que J.-J. Rousseau lui-même a citée comme divine.

Je déclare d'ailleurs, que je n'ai pas entendu, et que je n'entends point prendre aucune part dans les querelles scolastiques, et autres, rélatives à la Religion ; ma Tragédie n'est que l'extrait de l'Evangile : heureux ! si mon style a pu atteindre l'énergie de ce prodige en morale !

Je dois prévenir, que la lecture d'un ouvrage aussi important, ne convient pas aux esprits foibles et susceptibles de préjugés ; ces gens-là ne voudront jamais voir d'un bon œil, la représentation d'un tel sujet sur le Théâtre.

Je desire modeler le spectacle de cette Pièce sur celui d'Athalie; former des chœurs et même des danses. Je me propose, de vous engager à prier l'Académie de Musique de vouloir bien se prêter à contribuer, autant qu'il sera en elle, à l'éclat et à la pompe de la Représentation, en y faisant paroître aussi les sujets dont les talens nous sont si précieux dans le chant et la danse.

Certes, un Spectacle qui donneroit un ensemble aussi parfait, ne pourroit manquer d'avoir un grand succès, il s'exécuteroit tour-à-tour dans la salle de l'Opéra et dans la vôtre.

J'enverrai des Exemplaires aux différentes Personnes en place; en les suppliant de s'y intéresser, et de faire ensorte que mon projet soit exécuté.

Je terminerai, Messieurs, par vous renouveller une observation que je vous ai déjà faite, relativement à la maniere dont vous décidez du sort des nouvelles Pièces.

L'Acteur est, sans-doute, un des premiers à consulter sur cet article; mais avec tout cela, la réputation de l'Auteur ne doit pas dépendre de la seule opinion du Comédien.

Or, l'on sait qu'à force d'intrigues, vous vous trouvez assaillis, et forcés quelquefois d'accueillirle sanx mérite, tandis que par la même raison, le véritable talent ne pourroit s'approcher de vous.

Il faudroit donc un Comité, pour juger les nouvelles Pièces.

Gardons-nous de le composer comme nos nouveaux Tribunaux.

Que la morgue de l'Acteur n'égale pas celle de certains Avocats (1).

Ces derniers se sont distribués les places de Juges : Ne les avoir choisi presque tous que parmi les Avocats, cela a été aussi abusif, que si on ne les eût pris que parmi les Procureurs.

Les uns dédaignent trop la forme, et les autres en sont les esclaves.

Pour éviter un abus semblable, il faudroit que le Comité fut composé d'un nombre égal d'Auteurs et d'Acteurs.

L'Auteur pourroit défendre sa Pièce, être présent à la décision ; on établiroit d'ailleurs le régime nécessaire : la Comédie en corps ne seroit jamais consultée, que d'après la décision du Comité ; en tout temps, il lui seroit libre de faire ou de ne pas faire la dépense de la Représentation; de maniere que, comme on le voit, ses droits seroient toujours conservés.

Seulement, les ouvrages acquerroient plus de crédit; on ne feroit pas attendre aussi long-temps les Auteurs; et si la Comédie refusoit de faire la dépense de la Représentation, la gloire de l'Auteur n'en souffriroit pas au moyen de la décision du Comité, quand elle seroit favorable, et alors elle pourroit s'imprimer et publier avec succès.

---

(1) Je dis certains, parce qu'il s'en faut bien que je veuille attaquer en général l'ancien ordre et le nouveau; l'on sçait en effet que parmi les jurisconsultes, il y a [illegible] et beaucoup.

Dira-t-on que les Auteurs refuseront de se trouver avec les Acteurs? Ils seroient bien petits! s'il leur restoit encore des préjugés, sur-tout, dans le temps où nous existons.

A cet égard, je suis toujours étonné qu'un Corps tel que celui des Comédiens, aussi utile aux beaux arts, aussi considérable dans l'Etat, n'ait pas un seul sujet à l'Assemblée-Nationale et à l'Académie.

Par exemple, MM. de Larive et Monvel, ne valent-ils pas ces *Cuistres* d'Avocats, qui deshonorent ceux dont j'ai parlé?

L'un seroit-il donc si déplacé à l'Assemblée, et l'autre à l'Académie (1)?

O *préjugés!.... préjugés!....* Et nous nous vantons de n'en avoir plus! Ah! que nous sommes encore éloignés du but que nous prétendons avoir atteint! Monarque ou Sujet, Général ou Soldat, Auteur ou Danseur, Orateur ou Scribe, avec tous, ce monde est un Théâtre, chacun en est l'Acteur, pour jouer le rôle que le hazard lui a distribué: mais les vertus et les talens, seuls, distinguent le Comédien, tel que soit son genre, sublime ou mince, triste ou gai.

Je suis avec la plus grande considération,

M E S S I E U R S,

Votre, etc.

---

(1) La profession de Comédien étoit honorable à Syracuse et à Athènes.

JESUS-CHRIST,

OU

LA VÉRITABLE RELIGION.

TRAGÉDIE.

ACTE PREMIER.

SCENE PREMIERE.

PILATE, CAIPHE.

CAÏPHE.

Quoi! Seigneur! vous pourriez croire à telle
 imposture !
Confondre l'Éternel avec sa Créature !
Le fils d'un Charpentier, le plus vil séducteur,
Vous feroit respecter son Culte et son erreur !

PILATE.

J'admire sa sagesse et prise son systême ;
Ce sont ses qualités que j'estime et que j'aime ;
Une morale pure anime ses discours,
Et par la bienfaisance, il dirige ses jours.
L'aménité le guide, et tant de modestie,

Par le moindre forfait n'est jamais démentie.
Juste, humain et traitable, ou pauvre ou fortuné,
L'homme de bien, par lui, fut toujours couronné ;
Jusquà ses ennemis, il leur pardonne en frère.
Ha ! s'il n'est point leur Dieu, n'est-il donc pas leur
    Père?

C A Ï P H E.

Ainsi ce personnage, avec humilité,
Peut se déïfier, vous aurez la bonté
De l'adorer par-tout, de croire en ses miracles
Que ses moindres propos nous sont autant d'oracles;
Et ses Diciples même, enhardis par vos vœux,
Se font donner aussi pour autant de vrais Dieux ;
Eux, des grossiers humains, ramassés sur des places
Et confondus avec de viles populaces!
Voilà quels sont les Dieux qu'il nous faudra choisir?
Non, non, Pilate, envain on veut nous avilir!
Grand Dieu ! Dieu d'Abraham ! ha ! par un faux
   mérite,
Laisse-tu triompher un Fourbe, un Hypocrite ?
Est-ce-là le Messie, est-ce-là le Sauveur
Qui pour ton peuple, au Ciel est le médiateur ?
Souffriras-tu que moi, le premier de tes Prêtres,
Sois forcé de céder à des Intrus, des Traîtres?
Caïphe t'en conjure, ô vrai Dieu d'Israël,
Eloigne un Imposteur menaçant ton Autel !
Et si, pour nous sauver, tu dois par un Messie
De tes divins décrets remplir la prophétie,
Honore dans ton choix un plus noble sujet
Qui de tout ton éclat nous montre au moins l'effet.
Puisses-tu couronner la richesse ou naissance,
Ne point nous avilir dans l'affreuse indigence!

PILATE.

Si je me peins un Dieu, je me peins ses vertus,
Et se le peindre ainsi, c'est le voir dans Jesus.
Votre Religion vous promet un Messie;
Vous attendez l'effet de cette prophétie.
Un Dieu, m'avez-vous dit, sous les traits d'un Mortel,
Doit descendre ici bas pour nous ouvrir le Ciel.
Et quel mortel plus digne en ces lieux, d'injustice,
Peut chasser de vos cœurs la noirceur, la malice ?
Il est affable et doux, il pardonne aisément,
Et pour faire du bien il est toujours ardent.
Qu'on soit puissant ou riche, ou bien dans la misére,
Il aime son prochain, et tout homme est son frère.
Il fait grace au coupable, et par lui consolé,
Pour s'éloigner du crime, il devient plus zélé;
Et c'est par sa douceur, cette grande clémence,
Que du Peuple en ces lieux il a la confiance.
Puisqu'il vous faut un Dieu, choisissez celui-ci,
Et nous autres Romains, ha! puissions nous aussi
En avoir un pareil! car, à voir nos idoles,
Qui pourroit retenir ses écrits, ses paroles?
Nous adorons la pierre; et le bois bien sculpté
Est, comme un Dieu, par nous dans Rome respecté;
Et plus grossiers encor les Egyptiens barbares;
Dans leur aveuglement, se font des Dieux bisarres:
L'encensoir à la main, suivant les animaux,
Ils s'estiment bien moins que leurs vils bestiaux.
Jesus veut réformer tous ces absurdes Cultes;
Contre les siens et lui pourquoi tant de tumultes?...
Loin de le traverser, vous Ministre d'un Dieu,
Accueillez son projet: et Pilate en ce lieu
Estimant votre zéle et suivant vôtre exemple,

D'un mortel vertueux ornera votre Temple.

CAÏPHE.

Quoi! vous Pilate! aussi, vous, notre Gouverneur!
L'Envoyé des Romains! pour un tel Imposteur
Vous prétez votre organe? et de votre Patrie
Trahissant tous les Dieux, vous voulez un Messie?

PILATE.

Je ne vous trahis point, je défends les vertus;
Je vous vois à regret calomnier Jesus;
Mais dans un autre instant vous parlant sans mistère
Je vous dirai ce que je blâme ou considere;
Nous pourrons raisonner de la religion,
Qui nous convient à nous à votre Nation.
J'apperçois Madeleine; elle gémit, soupire,
Hélas! dans ses remords chacun ici l'admire!
Ne l'interrompons point, laissons son cœur en paix;
Puisses-t-il être heureux au gré de ses souhaits!

SCENE II.

MADELEINE.

O grand Dieu! Madeleine à tes pieds prosternée,
Implore ta clémence! Elle-même étonnée
De l'état déplorable où ses affreux excès
Ont plongé sa jeunesse; et craignant les progrès
De sa foiblesse extrême, elle fond dans ses larmes,
Et ne voit plus la fin de ses sujets d'alarmes.
Envain la pénitence, envain l'austérité
Lui présentent l'espoir d'éxciter ta bonté;
Grand Dieu! si tu ne vois mon repentir sincére
Madeleine périt de douleur et misére!
O Jesus! ô mon Maître! ô vertueux Pasteur!

Tout nous annonce en vous un Messie, un Sauveur.
Daignez prier pour moi, que le Dieu votre Pere ,
Connoissant mes remords, appaise sa colère !
Ciel ! le voici Jesus !... environné des siens ,
Et suivi, dans ces Lieux, de plusieurs Citoyens !

SCENE III.

La Précédente; JESUS, DISCIPLES,
PEUPLE, PRETRES, DOCTEURS.

MADELEINE, *(se prosternant)*.

JESUS !....

JESUS.

Relevez-vous !.... allez, ô Madeleine !
La foi, le repentir vont briser votre chaîne.
Envain l'esprit impur, pour régner sur vos sens ,
Accâble votre cœur de funèbres accens ;
Cette âme est toute au Ciel ; désormais la sagesse ,
Par le calme et la paix , portera l'allégresse...
Relevez-vous, vous dis-je, et connoissez un Dieu,
Un Pere et juste et bon, indulgent en tout lieu ;
Consolant ses enfans , et loin d'aigrir votre âme ,
A le glorifier soyez toute de flamme !
Allez , marchez en paix !

SCENE IV.

LES PRÉCÉDENS, *(excepté Madeleine)*.

UN DOCTEUR.

L'AIS-je bien vu, Seigneur ?
Vous-même pardonnez aux vices de son cœur !....

JESUS.

Il faut vous expliquer pourquoi je la console ;

Je vais vous réciter certaine parabole :
»Un riche Pharisien avoit deux Débiteurs,
»Qu'il venoit à l'instant d'aider dans leurs malheurs:
»L'un de cinqcents deniers et l'autre de cinquante;
»'l avoit su calmer leur détresse pressante ;
»Il leur remit la dette. Or, dites-moi, Docteur,
»Lequel devoit le plus à son vrai bienfaiteur » ?

LE DOCTEUR.

Sans doute le premier.

JESUS.

          Ainsi, la bienfaisance
Est le vrai contre-poids de la reconnoissance.
Allez, je vous le dis ; plus vous accorderez,
Plus on vous aimera, plus vous vous aimerez,
Plus vous serez heureux : c'est la tendre indulgence
Qui, d'un être immortel, consacre l'existence.
Heureux le Citoyen, Soldat ou Général,
Qui peut, par des bienfaits, s'attacher son égal !
Devant l'Être-suprême un homme n'est qu'un home,
La grandeur d'içi bas n'en accroit pas la somme.
Ou vrai juste, ou pêcheur, n'est-on pas son
        enfant ?
Remettre en droit chemin un être chancelant,
Est un signe certain de la vaste puissance
D'un Dieu qui veut régner par l'auguste clémence.

SCENE V.

LES PRÉCÉDENS; UN BOURGEOIS.

LE BOURGEOIS (à Jesus).

UNE Veuve, Seigneur, et plusieurs Orphelins,
Réclament le bonheur de vos secours divins;

Ils desirent vous voir ; en danger et malade ,
Pressé par le besoin ; l'un d'eux se persuade
Que vous seul , à ses maux , pouvez remédier ?
Pour que vous l'alliez voir je viens vous supplier.

JESUS

Je marche sur vos pas.

SCENE VI.

(Il reste deux Prêtres).

L'UN D'EUX

JE connois ce malade ,
Je le sais incurable , et s'il se persuade
De pouvoir le guérir , Jesus , dès aujourd'hui ,
Va dessiller les yeux de ce Peuple séduit ;
Mais , avançons plus loin , et que je t'entretienne...
Je vois venir ici Zéline et Madeleine.

SCENE VII.

MADELEINE , ZÉLINE.

MADELEINE.

JE m'attache à Jesus , et l'amour le plus pur ,
Pour marcher vers le Ciel , me montre un chemin sûr ;
Mon cœur est tout à lui , je lui donne mon âme ;
Va , rien ne peut changer cette céleste flamme.

ZÉLINE.

Si Jesus est un Dieu , croyez-vous que l'amour
Peut vous faire espérer le plus léger retour ?
Aux bonnes actions Jesus toujours se livre ,
Et c'est le seul plaisir dont son ame s'enivre :
Vous pouvez l'adorer ; mais l'aimer dans l'espoir

Qu'une amante pourroit avec un autre avoir,
C'est se tromper, Madame : en vain d'une alliance
Vous pouvez pour un Dieu méditer l'espérance.

MADELEINE.

J'aime, j'aime en Jesus et la gloire et l'honneur ;
Non, aucun sol espoir n'a prise sur mon cœur.
Qui peut aimer un Dieu sait maîtriser son âme,
Et je ne serai point son Amante ou sa Femme :
L'aimer et l'adorer forment mon seul desir,
Et je le chéris trop pour vouloir l'avilir ;
Mais je suis aux abois dans ces lieux où des traîtres
Veulent faire périr le plus humain des Maîtres.
Ses disciples, en vain, par les soins les plus vifs,
Prétendent le sauver de la fureur des juifs ;
Leurs Prêtres animés contre le vrai Messie,
Voyent dans ses bienfaits, des torts pour leur Patrie,
Mais leur seul interêt leur fait haïr Jesus :
Ne pouvant dénigrer sa gloïre et ses vertus,
Ils le font insensé ; ce n'est qu'un faux Prophète,
De nos divins décrèts imposteur interprête.
Tantôt, pour le chasser, ils font de vains efforts ;
Et toujours, lui prêtant des crimes et des torts,
Caïphe ici, sur-tout, excite la tempête ;
Seul il conduit la trame, en secret il l'apprête ;
Il ne peut pardonner qu'on admire en Jesus,
Ce qu'on ne lui voit point des mœurs et des vertus !

ZÉLINE.

Madame, vers ces lieux, il s'avance des Prêtres
Parlant avec chaleur....

MADELEINE.

Ah ! Dieu ! fuyons ces traîtres !

SCENE HUITIEME.

PLUSIEURS PRÊTRES et DOCTEURS.

L'UN D'EUX.

AMIS, faut-il attendre en ce séjour de paix,
Que l'autél renversé nous ruine à jamais ?
Jesus marche à grand pas : sa nouvelle Doctrine
Surprend les Citoyens, et leurs esprits domine.
Ses succès sont certains, et ses vils Compagnons
N'en triomphent que trop, sur-tout dans ce canton.
Notre Religion succombe avec ces Traîtres ;
Et sans Religion, non, il n'est plus de Prêtres.
Quand on en souffriroit, la Secte de Jesus
Ne chérit que la foi les mœurs et les vertus.
Nous serons depouillés, et la triste infortune
Va donc nous reléguer dans la classe commune.
Nous étions opulens ; chez eux la pauvreté,
L'honneur et la sagesse, avec l'humilité,
Leur tiennent lieu de tout : Il ne faut pas attendre
Qu'impunément ici l'on puisse nous surprendre ;
Il faut perdre Jesus, il en est temps encor ;
A la vengence, ici, donnons enfin l'essor ;
Allons le lapider, et qu'accablé de pierres,
Il reçoive le prix de ses folles prieres.

UN DOCTEUR.

Au temple il vient encor : il veut que les Marchands
S'éloignent de ces lieux ; il les nomme brigands,
Et veut que de négoce on prive enfin ce Temple,
Ce qui donne, dit-il, un très-mauvais exemple.
Ainsi, cet Hypocrite, en voulant nous frustrer
D'un produit conséquent, il semble nous livrer
A la fureur du peuple ; il surprend les crédules
De miracles sans fin, d'actions ridicules,

Dont ses diciples seuls apperçoivent les traits ,
Et dont aucun d'entre eux ne peut prouver les faits.
Ici, c'est un Malade; ailleurs, c'est le mort même
Sauvé, ressuscité ! Dans tout il est extrême ;
Il a guéri les sourds , fait parler les müets ;
D'autant plus dangereux dans ses vastes projets,
Que, d'un air humble et doux, il prêche sa morale
Au pauvre qui, pour lui , nous trahit et cabale.

LE PREMIER.

S'il blasphême et se dit le fils du Tout-puissant ,
Ne peut-on l'accuser de ce crime important ?
Il mérite la mort, et, par ce stratagême,
Nous pouvons le livrer à Pilate lui-même,
Etant le Gouverneur , il doit nous conserver ;
Il faut qu'il nous défende, et puisse nous sauver.
Il paroît dans ces lieux, demandons-lui ce traître ,
Et qu'enfin , sur la terre, il reconnoisse un maître.

SCENE IX.

LES PRÉCÉDENS; PILATE.

UN DOCTUR.

DEPUIS long-temps, Seigneur, vous êtes informé
Qu'il se trame un complot, dont le peuple alarmé
Vous demande justice : on veut changer le Culte,
Et Jesus parmi nous cause tout ce tumulte.

PILATE.

Je vous entends, Messieurs, il faut perdre Jesus
Ce n'est pas votre Culte ? Hà ! vous craignez bien
   plus
La perte du crédit, celle de la fortune !
L'intérêt seul vous guide, et ce qui m'importune

Me

Me fait grand déplaisir, c'est de voir la furie
Que l'on met à poursuivre et ses jours et sa vie.
Un autre Docteur.
Pourquoi veut il changer le culte du vrai Dieu?
Qu'il nous laisse en repos, paisibles en ce lieu.
Sommes-nous donc les seuls, qui d'une telle brigue,
Blâmons les procédés? on connoit leur intrigue;
Et des Négocians une division
Vous apprendra, Seigneur, que la Religion
N'est pas seule en danger : Il veut trancher du Maître
Jusque dans nôtre temple! il n'est rien pour ce traître
Qui paroisse sacré.... Mais voici nos Marchands :
Ils vont vous expliquer de ses complots méchans
Le véritable but.

SCENE X.
Les Précédens: PLUSIEURS NEGOCIANS.

Un Negociant.

DEPUIS bien des années,
Vous le savez, Seigneur, nos loges fortunées
Présentoient dans le Temple un coup-d'œil en-
    chanteur;
Jesus aidé des siens, ce prétendu Sauveur,
Veut nous faire chasser; il ne veut pas qu'au Temple
Du négoce et trafic les Juifs donnent l'exemple.
Mais ce Temple, Seigneur, est un lieu fréquenté;
Malgré notre trafic, le Prêtre est respecté;
Il reçoit un salaire aux achats et aux ventes;
En tire un grand produit, un fixe avec des rentes.
Pilate.
Certes, je ne suis point de votre Nation,
Je ne suis pas non plus de sa Religion;

B

Et pourtant, je le dis, il me paroît étrange
Qu'un Temple ait des bureaux de commerce et
    de change :
Ces lieux doivent servir au vrai Culte des Dieux,
Et non pour enrichir des gens luxurieux.
Je vous en avertis, le parti qu'on oppose
Me paroît formidable, et c'est d'un Dieu la cause :
Jesus, pour la gâgner, se trouve défendu ;
Par de bons citoyens il se dit soutenu ;
Tous parroissent armés, l'affaire est délicate,
Et passe les pouvoirs que peut avoir Pilate.

LE NÉGOCIANT.

Eh bien! Seigneur! eh bien! puisque nos intérêts
Vous sont indifferens, on verra les effets
D'une juste colere. Amis, il faut qu'en arme
Je vous conduise au Temple : il faut rompre le
    charme
Des talens dangereux du Prophète nouveau.

PILATE.

Voyez, réfléchissez; car, en un tel assaut,
Je ne puis d'un secours vous donner l'assurance,
Et sur de vains efforts n'ayez point d'espérance.

LE NÉGOCIANT,

Seigneur, nous agirons....

SCENE XI.

LES PRECEDENS (*excepté Pilate*).

LE NÉGOCIANT.

Amis, on nous trahit,
Et Pilate lui-même à Jesus obéit.
Veillons donc de plus près sur nous, notre fortune,
Et qu'à la conserver notre ardeur soit commune.

Toi , mon cher Manassé , du côté du midi ,
Tu défendras la porte : Et toi , vaillant Hadi ,
Tu conduiras tes gens vers les autres issues,
Tandis qu'avec Zénon , toutes les avenues
Nous bloquerons ensemble. Allons vers nos quar-
      tiers ,
Pour défendre nos droits trouvons-nous les pre-
      miers.

ACTE II.

SCENE PREMIERE.

TROUPE DE PEUPLE, BOURGEOIS ET NÉGOCIANS ARMÉS.

Un Négociant.

Aux armes ! Citoyens ! Jesus, suivi d'un groupe
De vils séditieux , s'avance avec sa troupe ;
Il nous menace tous, et dans nos magasins
Ces brigans vont piller ! empêchons leurs larcins.
Les Prêtres sont pour nous, vous les voyez en armes,
Et prêts à partager nos dangers , nos alarmes.

SCENE II.

(Jesus *paroît au milieu de son parti , qui donne la chasse
aux Négocians , renverse leurs loges : L'action s'en-
gage vivement ; les Négocians succombent ; Jesus, tandis
que les siens poursuivent , se trouve enveloppé par un
reste du parti , qui lui lance des traits et des pierres ;
mais par la manière précipitée dont les ennemis se sont
placés , ces pierres et ces traits tombent sur eux-mêmes :
Jesus élève les mains , et la foudre, lancée vers les voû-
tes du Temple , écrase ou dissipe les ennemis.*

Jesus.

Amis, vous le voyez, Dieu combattoit pour nous !

Soyons dans la victoire et clémens et plus doux.
Sauvons tous les débris des loges abattues ;
Qu'à leurs Maîtres, enfin , toutes choses rendues
Leur prouvent bien encor, que rien de personnel,
N'a pû nous engager à venger l'Eternel
De ce trafic honteux, manœuvré dans son Temple,
Offrant un grand scandale, un très-mauvais exemple !
Ayons soin des blessés ; ah ! décernons aux morts
Des funébres honneurs, et déplorons leurs torts !
O Dieu ! dans ta vengeance, appaise ta colère !
Daigne des ennemis soulager la misére !
S'ils furent criminels, certes, leur repentir
T'en fera promptement perdre le souvenir !
Mais pour nous, satisfaits d'avoir vengé ton Culte,
Ah ! nous profitons tous de la fin du tumulte,
Pour te glorifier, célébrer tes bienfaits,
Et dans nos cœurs ici les graver à jamais!...
Mais j'entends bien du bruit ! une femme éplorée
D'une troupe de gens me paroît entourée ?
Ils s'avancent vers nous....

SCENE III.

LES Précédents : UNE FEMME, TROUPE DE
BOURGEOIS.

UN BOURGEOIS.

CETTE Femme, Seigneur,
Surprise en adultére avec un malfaiteur,
A merité la mort ; notre loi la condamne :
Parlez, et nous allons lapider la profane ;
Des pierres en ces lieux ... ah ! de notre courroux
Il faut lancer les traits....

JESUS, *(vivement)*.
Que celui d'entre vous
Se trouvant sans péché , ramasse cette pierre ,
Et que sur cette femme il jette la première.
(Ils sortent avec confusion , la femme reste.)

SCENE IV.
JESUS.

FEMME, vous le voyez.... et vos accusateurs ,
Loin de vous condamner , ont respecté vos pleurs.

LA FEMME, *(prosternée et voilée)*.
Ah ! Seigneur ! c'est à vous que je dois l'indul-
gence
D'un crime impardonnable ! ô justice ! ô clémence !..

JESUS.
Allez en paix ! allez , et puisse votre cœur ,
Mériter désormais les bontés du Sauveur !

SCENE V.
LES PRÉCÉDENS, *(excepté la Femme)*.
JESUS.

VOUS êtes étonnés ! croyez-en ma parole ;
Jugez de ma clémence en cette parabole :
»Un Pere de famille ayant des Ouvriers
»Loués de grand matin, il plaça les premiers,
»Et leur dit de partir pour cultiver sa vigne:
»Il convint d'un denier, et leur donna le signe
»Pour aller au travail : étant sorti plus tard ,
»Il retint de nouveau des gens, que, par hazard,
»Il apperçut oisifs pendant la matinée;
»Il en retint de même en toute la journée.

B 3

»Ensuite, il fit venir ces gens, ces ouvriers.
»Payant également derniers comme premiers.
»Mais ceux-ci murmuroient de-voir que leurs con-
          frères
»Reçevoient du Bourgeois de semblables salaires.
»Nous avons, disoient-ils, travaillés plus longtems,
»Ils sont venus fort tard nous aider daus les champs;
»Vous leur avez donné la même récompense »!
Or, il leur répondit : »Dès que ma bienfaisance
»Ne vous fait point de tort, je vous dois un denier;
»Vous ai-je donné moins ? ou dernier, ou premier,
»J'en veux agir ainsi. Quoi ! votre ingratitude,
»De médire toujours, vous donne l'habitude ?
»Reçevez mes bienfaits, et ne les jugez pas.
»Seriez-vous mécontens, si, dans quelqu'embarras
»De trouver de l'ouvrage, ou vous eût retenu,
»Et qu'un vrai bienfaiteur payât le temps perdu »?
Je vous le dis encor, qu'une tendre indulgence
Entre frères, amis, cimente l'alliance.

SCENE VI.

LES PRÉCÉDENS : UN DISCIPLE.

LE DISCIPLE *(à Jesus)*,

SEIGNEUR, en cet instant, Lazare est en danger.

JESUS.

Je vole vers ce juste, et vais le soulager.
Vous, Pierre, il faut rester, pour veiller sur ce
          Temple,
Et de notre clémence à tous donner l'exemple.

PIERRE.

J'accomplirai, Seigneur, vos desirs bienfaisans,
J'aurai le plus grand soin des Prêtres, des Marchands.

SCENE VII.
PIERRE, UN AUTRE DISCIPLE.
LE DISCIPLE.

MAITRE, Pilate, ici, de quelque confidence
Veut vous entretenir: en secret il s'avance.
Il parle d'un complot tramé contre Jesus,
Il vient vous faire part de bruits sourds et confus.
Le voici.

SCENE VIII.
LES PRÉCÉDENTS: PILATE,
PILATE.

JE le vois, aux vertus de ton Maître,
Pierre, il se trame encore quelque projet de traître :
On en veut à Jesus; les Prêtres et les Juifs,
Se sont ligués entr'eux, et les soins les plus vifs
Sont employés ici pour tâcher de corrompre
Les Magistrats du Peuple. On voudroit interrompre
Les succès de Jesus; pour le sacrifier
On manœuvre par-tout, et de le crucifier
Ils forment le dessein; les Prêtres les séduisent,
Des volontés d'un Dieu, les vengeurs ils se disent.
Le Peuple révolté se porte en mon Palais;
Il réclame justice, et sans aucuns délais.
Prevenez votre Maître, et que cette contrée,
De sa présence, enfin, ne soit plus illustrée.
Si vous avez besoin de quelques prompts secours,
Parlez, vous le savez, mes bienfaits pour toujours...

PIERRE.

Connoissez mieux Jesus; il craint peu pour sa vie;

C'est un Etre divin : si , dans sa prophétie,
Le Souverain des Dieux n'a désigné sa fin ,
Vainement contre lui , les Juifs, le genre humain ,
Réuniroient leurs traits : d'une seule parole ,
Il pourra dissiper leur brigue injuste et folle.

PILATE,

Voilà de vos défauts ; j'admire les vertus ,
Et j'admire sur-tout les talens de Jesus ;
Mais je vois avec peine, en toute sa conduite,
Qu'en véritable Dieu l'on vous mène à sa suite.
Sa morale est superbe , on la diroit d'un Dieu :
Que dans Jérusalem... qu'il la prêche en tout lieu ,
Je suis pret d'y souscrire, et même à ses miracles
Je veux bien croire encor , ainsi qu'à ses oracles :
Mais l'adorer en Dieu ; croire un homme divin,
Parce qu'il est honnête ? hô non ! un vrai Romain,
Bien qu'il méprise au fond ces encens, ces idoles,
Qui dirigent les vœux de populaces folles ,
Et qu'il préféreroit voir l'image d'un Dieu
En son semblable, en lui... mais pourtant en ce lieu
Le Peuple est éclairé ; quoique Jesus surprenne ,
Il est homme , il est homme.... et , pour qu'on
     s'y méprenne ,
Il faudroit s'aveugler !....

PIERRE.

     Mais vous savez , Seigneur ,
Que l'on croit au Messie ; on attend le Sauveur ;
Et cette opinion nous vient de nos Prophètes,
Des volontés d'un Dieu seuls et vrais interprêtes.
Et pourquoi le Messie , envoyé dans ce lieu,
Ne seroit pas Jesus ? S'il faut un homme-Dieu,
Vous l'avez dit vous-même , est-il ici personne,

Ah! qui plus sagement pense, agit et raisonne?
Je ne vous parle point des miracles sans fin,
Des bonnes actions de cet Être divin;
Sa grande âme est l'essence, en tout de la sagesse,
De la pure équité; son extrême tendresse
Éclate pour le pauvre; il est son seul ami;
Il l'appelle son frère; il n'est point l'ennemi
D'aucun être ici bas, innocent ou coupable,
Heureux ou malheureux, ou riche ou misérable;
Il défend tout le monde; et, pour faire du bien,
Il s'expose par-tout et ne ménage rien.
Cet homme surprenant, sans doute, est le Messie;
Talens, candeur, vertus, tout nous le certifie!

P I L A T E.

Je suis loin d'attaquer votre Religion,
D'affoiblir pour Jesus la juste opinion
Qu'on doit à son mérite; il est digne qu'on l'aime:
Mais pourtant le danger est urgent, est extrême!
La Pâque va se faire, et je crains un malheur:
Ah! je vous le répète, on veut perdre l'Auteur
Du schisme qui s'opère ici, dans cette Secte!
La vôtre en ces climats déplait, paroit suspecte.
J'ai dû vous avertir, adieu. Non, suivez-moi:
Caïphe vient, paroit, les Docteurs de la Loi
Le suivent en ces lieux: évitons leur présence;
Mon amitié pour vous et l'irrite et l'offence.

S C E N E   IX.

CAIPHE, PRÊTRES ET DOCTEURS.

U n P r ê t r e.

EH quoi! Seigneur! ici lorsqu'il faudroit agir,

Notre juste courroux semble s'anéantir :
Ce n'est donc pas assez que Jesus dans la ville
Se présente en vrai Dieu? la colère stérile
Des Prêtres, des Marchands, celle des Citoyens,
Loin de pulveriser, couronne ses moyens,
Et sa fausse vertu nargue notre foiblesse?
Attendrons-nous, enfin, que sa candeur traîtresse
Ait détruit tous les nœuds, dont la Religion,
Entre le peuple et nous cimentoit l'union?

CAÏPHE.

Va, j'y pensois; crois moi, daigne en croire ton
       Maître,
Avant la fin du jour, j'aurai perdu ce traître :
Ses Disciples sur nous ont vainement les yeux ;
Je les tromperai tous, et remplirai vos vœux.
Déjà l'un de mes gens a séduit ses Apôtres,
Qui, sous l'air hypocrite, avoient surpris les nôtres.
Judas doit me livrer ce prétendu Sauveur;
Et, s'il hésite encor, ce n'est point la frayeur
Qui le guide ou retient; il marchande son Maître.
Trente pièces d'argent, pour surprendre ce traître,
Suffisent, m'a-t-on dit; et je cours à l'instant
Les lui faire compter pour gagner ce Brigand.
Mais j'entrevois quelqu'un. Que vient-on nous
      apprendre ?
Judas a-t-il changé? a-t-il pû le surprendre?

SCENE X.

LES PRÉCÉDENS: UN AUTRE PRÊTRE (*déguisé*).

LE PRÊTRE.

Seigneur, j'ai sa parole, et cet homme, ce soir,
Nous livrera Jesus... je venois de le voir,

C'est aujourd'hui la Pâque, et son Maître à la
    Cène
Doit se trouver bientôt; ensuite il se promène
Au champ des oliviers : on dit que dans ce lieu,
En méditant sans cesse, il adore son Dieu;
Et c'est dans ce jardin, oui, c'est-là que le Traître
Promet de nous livrer son Seigneur et son Maître.

CAÏPHE.

Suivi de son parti, Jesus vient vers ces lieux;
Nous, allons au Prêtoire et consultons les Cieux
Sur un projet qui doit faire honneur à leur Culte;
Parmi le Peuple et nous appaiser le tumulte.

SCENE XI.

JESUS, DISCIPLES.

JESUS.

Il le faut donc remplir, mon destin en ce lieu!
Exécuter en tout les décrets de mon Dieu !
Allez, mon temps s'approche, et mon heure est ve-
    nue !
Amis, jusqu'à la mort, mon âme est abattue...
Enfin, ce sacrifice; ah! je le dois subir !
O mon Pere ! ô mon Dieu! c'est à moi d'obéïr...
Nous sommes à la Pâque, et le lieu de la Cène
Se trouve près d'ici. Vous, avant qu'on y prenne
Votre fidele Maître, allez aux Oliviers,
Préparez ce qu'il faut, soyez-y les premiers :
N'oubliez point les loix d'un Dieu, de son Pro-
    phète ;
Lui seul, lui seul, toujours, il en est l'interprète.

PIERRE.

Pourquoi vous alarmer des craintes de la mort ?

Tout respecte, Seigneur, vos destins, votre sort;
Vos vertus, vos bienfaits, et de si grands prodiges
De vos vrais ennemis dissipent les prestiges.
Dites un mot, Seigneur, ces mêmes ennemis,
Se verront confondus, seront anéantis.

JESUS.

Je vous le dis encor, oui, mon heure est venue;
Et, jusqu'à cet instant, l'âme triste, abbattue.....
Mais j'apperçois Caïphe; allez aux Oliviers,
Faites tout préparer sous ces arbres fruitiers.

SCENE XII.

JESUS, CAIPHE.

CAÏPHE.

MALHEUREUX! je veux bien me compromettre
    encor
Pour te sauver ici des dangers de la mort!
Mais fuis! il en est temps, ou tu perdras la vie.
Oses-tu bien te dire un Prophète, un Messie?
Va, je t'estime assez, pour parler avec toi,
Non, comme un Dieu, mais comme un Docteur
    de la loi.
Insensé! conçois-tu quelle est ton entreprise?
Ce qu'elle coûteroit, comme elle nous divise?
As-tu pu l'espérer, de gagner nos Docteurs,
Et qu'ils accueilleroient tes oracles trompeurs?
Va prêcher ta morale aux viles Populaces,
Que toi, tes Compagnons, fréquentez sur les places.
Ecoute, faux Prophète? il faut croire en un Dieu,
Pour croire en un Messie; et je t'en fais l'aveu,
Certes, je ne crois rien ni de l'un, ni de l'autre,
Et notre opinion, va, ressemble à la vôtre.

Penses-tu nous ravir la fortune et l'Etat,
Et que nous souffrirons ce perfide attentat ?
Il faut nous massacrer, avant d'avoir la place ;
Je pourrois te punir, je viens t'offrir ta grace :
C'est à condition de sortir de ces lieux.
Tu passe ici pour juste ; on te dit vertueux :
Allons, n'abuse plus de ton charlatanisme ;
Redoute la fureur du plus noir athéïsme.....
Ouvre les yeux, connois nos Prêtres, nos Bour-
        geois ;
Sur la Religion ils empruntent ma voix :
Nous n'obéïssons tous qu'à la seule nature ;
C'est, pour fuir toute erreur, la route la plus sûre.
Le hazard fait tout naître, et le hasard détruit.
Oui, la nature en tout produit et reproduit ;
Les élémens ensemble entretiennent la séve ;
Tout être végétal de lui-même s'élève ;
Il croît comme il décroît, son principe est en lui ;
Où finit le principe, il n'est plus reproduit.
Et quant à notre Dieu, voit-on une chimére
Qu'on dise plus inepte ? et quel est l'atmosphére
Où tu le trouveras ? Définis-donc ce Dieu :
Peux-tu l'appercevoir ? En quel temps, en quel
        lieu ?...

J E S U S.

Je devrois mépriser les discours d'un Athée,
Et plaindre les noirceurs de son âme irritée ;
Mais avant de mourir pour la Religion,
Il faut bien lui donner, ah ! quelqu'Instruction.
Tiens, voilà ma réponse, écoute ma priére,
Puisses-tu la porter dans le sein de mon Pere !
« O Dieu de l'Univers ! rendsmoi bien vertueux ;

Quand on est juste et sage, on est toujours heureux.
Que si tu me fais riche, alors, pour l'indigence,
D'un tendre *Régisseur*, j'aurai la bienveillance.
Je prendrai soin du Pauvre, et ton or dans mes mains,
Ne sera qu'un dépôt pour aider les humains.
Que la discrétion, le zèle et l'indulgence,
L'amitié, la candeur, fixent mon existence.
Grand Dieu ! de ton aspect ne m'éloigne jamais !
T'aimer, te contempler, est un de tes bienfaits.
Quand mon âme est en toi, je la trouve parfaite ;
Mais ton éloignement la feroit indiscrete.
Que si tu me rends pauvre, alors, sans murmurer,
On dira qu'à ton ordre on me voit déférer.
Non, non, je ne dois pas, atôme, ver de terre,
Critiquer, ô mon Dieu ! ta bonté, ta colère !
Quand tu fais un arrêt, qui peut le mieux sentir !
Tu sais, quand il le faut, récompenser, punir :
Tes suprêmes décrets, ton éternelle essence,
De la pure équité ne sont que la substance.
Je m'abandonne à toi, tu fus mon créateur,
Et toi seul as le droit d'être mon destructeur.
Patient, modéré, la peine et l'infortune,
Ne m'arracheront plus ni plainte, ni rancune.
Je bénirai ton nom, et, subissant mon sort,
Je chanterai ta gloire aux portes de la mort.
Rapportant tout à toi, c'est, en réglant sa vie,
Qu'on trouve le bonheur, et qu'on se glorifie.
Quant à ton existence, ô chef-d'œuvre des Cieux !
C'est à lui *(en fixant Caïphe)* qu'il faut dire : Impie !
                    ouvre les yeux !
Où tu vois ce chef-d'œuvre, il faut un ouvrier,
Et plus il est parfait, plus il est régulier,

Plus il faut que sa main soit céleste et divine.
Vois-donc ce firmament, réfléchis, examine ;
Vois cet astre du jour, et ces champs, et ces bois,
Les rivières, la mer, tant de divins exploits,
Seroit-ce ton ouvrage, ou bien de ton semblable ?
La nature est un mot ; mais cet être admirable
Qui dirige son but, n'est-il pas le vrai Dieu ?
Va, tu le connoîtras quelque jour en ce lieu.
Et quant à ta menace, ainsi que tes injures,
Je remplis mes destins, et par des routes sûres,
Je pourrois d'un seul mot te perdre et te punir ;
Mais les plus grands décrets il me faut accomplir.
Ton âme vile et basse est loin de les comprendre,
Je ne veux point du-toutte gagner ou surprendre,
Et mes vœux et ma gloire ont tous autres motifs,
Qu'il n'est pas encor temps de révéler aux Juifs.
Adieu.

SCENE XIII.

CAÏPHE, (seul).

TU le veux donc, eh bien ! ô faux Messie !
En ce jour, dans ces lieux, tu vas perdre la vie !...
Mais j'apperçois Pilate, il protége Jesus,
Et je dois lui cacher des desseins résolus.

SCENE XIV.

PILATE, (seul).

QUEL embarras cruel ! deux Partis dans la ville
Agitent les esprits ; ma prudence inutile
Veut envain les calmer, car la Religion
Est le prétexte faux de cette passion.

L'un paroît animé par l'honneur et la gloire ;
L'autre ourdit en secret la trame la plus noire.
Grand Dieu ! si, d'un mortel écoutant les raisons,
Tu me permets ici quelques réflexions,
J'oserai définir ton éternelle essence,
Et même combiner ta divine existence.
A tes œuvres, sans-doute, on reconnoît un Dieu ;
De vouloir te cacher qui pût te donner lieu ?
On ne voit parmi nous aucune architecture,
De tes moindres sujets égaler la nature ;
Mais, enfin, un héros, dont j'apperçois les faits,
N'es-t-il plus un grand homme alors qu'on voit
            ses traits ?
Puisque ta volonté nous fait Rois de la terre,
A tes Enfans chéris dois-tu celer un Père ?
Crains-tu que ta présence ils ne puissent point voir ?
Mais de la contempler donne leur le pouvoir ;
Désignant ton ouvrage, achevant tes miracles,
Pour te montrer à nous écarte les obstacles ;
Dis seulement un mot, et d'un œil paternel,
Honore l'Univers dans un jour solemnel.
Que ne vint-il ce jour ? hélas ! que ta présence
Eût épargné de sang ! L'erreur en ton absence
Se plut à nous aigrir ; pour toi l'absurdité
A commis tant d'abus ; par-tout la cruauté
Immola l'innocent, et de tristes victimes
Subirent des destins qui ne sont dûs qu'aux crimes.
Un seul signe de toi, un seul de tes regards,
Nous eût tous préservés de funestes écarts.
Il règne en tes hauts faits, un ordre magnifique ;
Notre félicité est seule hiperbolique ;
Bien souvent en danger, rarement le bonheur
                                            Des

Des jours les plus sereins fait goûter la douceur.
Si richesse et vertu contentent tout le monde,
De ces dons précieux que l'univers abonde ;
Un Dieu n'a qu'à parler, il fait tout, il peut tout,
Et l'on est ici bas suivant qu'il le résout :
Il dispense à son gré le vrai bonheur des hommes,
En partage â son choix les differentes sommes.
Quant à notre existence, est-elle ce bonheur ?
Et la mort même, enfin, est-elle un vrai malheur ?
De notre individu la fin toujours hideuse,
De ce corps corrompu, la perspective affreuse....
Mais avant d'éxister, quand on est au néant,
Que pour le bien, le mal, on n'a point de penchant.
Que me feroit alors de venir sur la terre,
Pour supporter des maux la cruelle misère ?
A-t-on quelque plaisir ? on a mille embarras ;
Car pour de vrai bonheur, non, non, il n'en est pas.
Or, respirer ici pour être dans la peine,
Être toujours en transe, et toujours dans la gêne :
Au-moins, dans le néant, si vous n'avez du bien,
Les maux qu'on souffre au jour vous ne sentez en
       rien.
C'est pourquoi je calcule, et, dans cette avanture,
Réfléchissant au bien, pour le mal que j'endure,
Si l'essence est trop forte en ce mauvais côté,
J'entends préférer l'autre avec grande équité.
Au néant, au sommeil, on est comme insensible ;
Quel bonheur de sentir ce qui nous est nuisible !
Il vaut mieux n'être pas, qu'être dans le malheur ;
Si je n'ai du plaisir, je n'ai point de douleur.
Peignons-nous le tableau des revers détestables,
De nos gémissemens, sources intarissables.....

C

Et nous verrons alors que sortir du néant,
Pour pleurer et souffrir, n'est pas un beau présent.
Cependant, de nos soins surveillons cette ville:
Puisse mon zele à tous leur être encor utile!

ACTE III.

SCENE PREMIERE.
LES DISCIPLES DE JESUS.
UN DISCIPLE.

AMIS, oui, tout est prêt sous ces arbres fruitiers,
Et pour la cène ici Jesus est des derniers:
Voyez? nous l'attendons ce bon, ce divin Maître...
On vient de l'annoncer, sans doute il va paroître.
Le voci.

SCENE II.
LES PRÉCÉDENS: JESUS.

JESUS. *(Banquet)*.

PLAÇONS-NOUS.... Je vous l'ai déjà dit,
Ah! mon heure s'approche et tout vous est prédit!
Je vais être livré; des ennemis avides
Du sang de votre Maître, en leurs complots perfides
Vont consommer leur crime!

JUDAS,

Eh! qui pourroit, Seigneur,
Vous trahir à tel point! quel est le malfaiteur
Qui puisse vous livrer?

JESUS

Ah! Judas! c'est vous même,

JUDAS.

Qui , moi ? livrer Jesus , que j'honore et que
j'aime ?....

JESUS.

Oui , vous-même , vous dis-je.....

PIERRE.

Ah ! se peut-il grand Dieu !..,

JESUS,

Oui.... mais vous, Pierre aussi , votre Maître en
ce lieu
Vous allez renïer...

PIERRE.

Moi ! que plutôt la vie
Je perde en cet instant.... Ah ! voir telle infamie !...
De ma fidélité ne doutez-point , Seigneur !
Vivre et mourir pour vous forment mon vrai
bonheur !

JESUS

Allez , n'en parlons plus ; en tout la prophétie
Le prédit de la sorte , et doit être accomplie :
Je vous dois maintenant un gage précieux
De l'éternelle paix que j'apporte en ces lieux.
C'est le prix de mon sang , celui du Fils-de-l'homme :
Il faut qu'un sacrifice à-la-fin se consomme ;
Que le pain et le vin consacrés desormais ,
Et bénits de vos mains vous présentent mes traits.
Ce sera le mystère et le vœu de mon Culte ,
De celui d'un vrai Dieu , qu'en tout j'aime et
consulte.
Pierre , soyez le Chef de la Religion ,
Et prêchez-l'Evangile en cette région.
Sa morale est divine , et son trait de lumière

Se répandra partout; oui, depuis la chaumière,
Jusques dans les Palais, on connoîtra mes loix,
Celle de votre Dieu, qui parle par ma voix....
Mais voici les Docteurs et les Princes des Prêtres...
Ah! c'est pour me tenter que s'avancent les traîtres!

SCENE III.

LES Précédens: LES PRINCES DES PRÊTRES, LES DOCTEURS.

UN DOCTEUR (*à Jésus*).

MAITRE! que faut-il faire ici bas, en ces lieux,
Afin de mériter le Royaume des Cieux?

JESUS.

Docteur, que dit la loi? que vous commande-t-elle?

LE DOCTEUR.

Chérissez votre Dieu d'une ardeur éternelle.

JESUS.

Aimez votre prochain.

LE DOCTUR.

        Qui nommez-vous aisi?

JESUS.

Par une parabole, il faut l'apprendre ici.
» Près de Jérusalem un voyageur s'égare;
Il tombe entre les mains d'un assassin barbare,
Qui le vole et dépouille, et le laisse pour mort.
Un Prêtre passe là; sans pitié de son sort,
Il ne s'arrête pas: il y passe un Lévite,
Loin de porter secours, le voyant il l'évite.
Mais un Samaritain, survenant par hasard,
Prend pitié du blessé, malgré qu'il fut très-tard;
En ayant eu grand soin, et pansé sa blessure,

Le met sur son cheval, et dans cette avanture,
Devenant charitable, humain et bienfaisant,
Dans une hôtellerie il le mène en pleurant,
Le recommande bien à son hôte, à l'hôtesse,
Et les paye d'avance avec zéle et largesse ».
Or, lequel donc des trois vous semble le prochain ?

LE DOCTEUR.

Certes, c'est le dernier, c'est le Samaritain.

JESUS.

Eh bien ! faites de même envers votre semblable ;
Usez des procédés d'une âme charitable,
Et vous serez heureux....

LE DOCTEUR.

     Il faut être opulent,
Pour en agir ainsi ; s'il n'eût pas eu d'argent ?

JESUS.

Croyez-moi, je le dis ; si pour servir deux Maîtres
Vous calculez toujours, à l'un vous serez traîtres ;
Vous ne pouvez servir l'argent et votre Dieu ;
C'est pourquoi dans ce temps, ici, comme en
    tout lieu,
Ne perdez-point de vue une vérité sûre,
C'est qu'un Dieu tout-puissant oblige sans mesure :
De l'œil de la justice il voit cet Univers,
Si le Soleil l'éclaire en ses rayons divers :
Dieu nourrit ses enfants, c'est une providence
Qui domine par-tout, et porte l'abondance ;
Alimente tout être, insectes et lions,
Les soutient ou détruit dans les occasions.
Voyez le lis des champs, l'herbe la plus grossière,
Une main invisible est de tout l'ouvrière ;

C 3

Et Salomon lui-même, en son plus grand éclat,
Ne fut pas mieux vêtu que l'est le seringat.
Ne vouz défiez point de cette Providence,
Et pour faire du bien , toujours courez sa chance.
Le céleste Royaume et la gloire d'un Dieu,
Du véritable Juste animent le beau feu.
Parlez et n'agissez qu'en votre conscience,
Consultez-là dans tout , c'est la seule science
Et le miroir de l'âme. Adieu , soyez en paix :
Pour moi, mon temps n'est plus, je m'en-vais à
jamais....

SCENE IV.

LES PRÉCÉDENS : *(excepté* JESUS *et ses Disciples)*.

L'UN D'EUX.

"JE mènvais à jamais»! Aurait-il connoissance
Du complot que lui cache à tous notre prudence ?
Il est bien étonnant qu'en voulant le tenter,
Il ait toujours raison? A l'entendre citer,
La vertu, la candeur, et l'extrême sagesse
De ses moindres discours consacrent la justesse.
Comment concilier tant de traits différens
D'une vertu sans tache et des plus grands talens,
Avec les faits bien sûrs de cette hypocrisie
Qui le porte à se dire un Prophète, un Messie?
Comment apprécier les vertus des humains,
Quand on voit ces vertus voiler les faits certains
D'une intrigue perfide , attaquant les mystères
De la Religion qui nous vient de nos Pères?
Mais il est temps , enfin , de purger son Pays
D'un Imposteur adroit

De notre secte à tous le Souverain pontife.
Je le vois qui s'avance....

SCENE V.

LES PRECEDENS: CAIPHE

CAÏPHE.

Oui c'en est fait, enfin,
Jesus sera livré ; c'est là, dans ce jardin,
Que Judas l'a vendu ; la troupe doit le prendre,
Et puis des Oliviers ensuite nous le rendre.
Il ne tardera pas; j'entends déjà du bruit,
Et c'est sans-doute lui qu'on amène et conduit.
Que pour juger ce traître on mande ici Pilate;
De punir ce faussaire il faut bien qu'on se hâte,
A moins de révolter les Prêtres et Docteurs.
Mais le voici pourtant le Dieu des imposteurs....

SCENE VI.

LES PRECEDENS: JESUS et SUITE.

CAÏPHE. (à Jesus).

Eh bien! perfide! eh bien! ton suplice s'approche!
Et de le mériter ah! ton cœur se reproche!
Tes forfaits ont lassé le Souverain des Dieux,
E tlui-même il te livre à nous suivant nos vœux.
Combien de fois cruel! par de vives instances,
Pour déjoüer le cours de tes extravagances,
Ne t'ais-je pas montré cet abime profond,
Où le plus fol espoir te jette et te confond?
Non non, il n'est plus temps! le ciel te fait justice,
Lui seul, je te l'ai dit, dispose ton supplice.
Mais j'apperçois Pilate environné des Juifs,

Ils demandent Jesus ; leurs vœux sont expressifs,
Et nous allons, enfin, jouïr de la vengeance.

SCENE VII.

LES PRÉCÉDENS: PILATE et SUITE.

PILATE.

SI vous voulez sa mort, que vous fait ma présence ?
Pourquoi me demander, dans le sang innocent,
Caïphe à vous venger ? cruel et trop ardent,
Ne trempez pas vos Mains !.... mais quel est donc
   son crime ?
Hélas! qu'a-t-il donc fait pour perdre votre estime ?

CAÏPHE.

Ce qu'il a fait ! ô Ciel! il se dit notre Roi!
Il se dit un Prophète, et prétend sur sa foi,
Qu'on doit le croire un Dieu, qu'il est le vrai
   Messie:
Il vient pour nous sauver, telle est sa prophètie.
Vous pouvez demander....

PILATE *(à Jesus)*.

     Vous vous dites leur Roi ;
Parlez , l'êtes vous donc ?

JESUS.

    Vous l'avez dit , c'est moi....

PILATE.

Vous l'entendez, Seigneur, c'est ainsi qu'il blas-
   phême ?
Et que faut-il de plus ? l'imposture est extrême!
Il se dit notre Prince, il se dit notre Dieu,
Et tel crime est puni de la mort en tout lieu.

(Le Peuple animé par les Prêtres).

Qu'il soit crucifié!...

PILATE.

Moi, de son innocence,
Je suis trop convaincu, pour rendre la sentence :
La prenez-vous sur vous ?

LE PEUPLE.

Oui, Seigneur, que son sang,
Rejaillisse sur nous; que le dernier enfant
Des tribus d'Israël, en naissant en réponde,
Car de cet Imposteur il faut purger le monde.

PILATE.

Je ne me mêle point de cette iniquité;
Je ne me souille pas de votre cruauté :
Je me garderai bien de m'en rendre complice,
De l'attentat, je sais le foible et la malice.
Certes, vous l'avez dit, le sang de l'innocent
Retombera sur vous : un Dieu toujours présent
Et toujours équitable, aura cette justice;
Et tôt ou tard, sans doute, ha! d'un tel sacrifice!
Vous serez tous punis! Allez, sortez d'ci;
Et que ce jour, enfin, ne soit plus obscurci,
De l'horreur de vous voir....

SCENE VIII.

PILATE (seul).

Serait-il donc possible
Qu'à mes vœux pour Jesus on devînt inflexible?
Mais Judas en ces lieux demande à me parler.

SCENE IX.
PILATE, JUDAS.
JUDAS *(désespéré, égaré).*

Seigneur, ma trahison je viens pour réparer....
J'ai reçu de l'argent pour leur livrer mon Maître..
Je ne puis voir le jour depuis que je suis traître
Le destin m'aveugloit... J'ai servi d'instrument
A la fatalité; mais mon cœur la dément.....
Il faut qu'il s'en punisse, et ce fer homicide
Ah! va vous délivrer d'un sujet parricide...
(il se tue).

PILATE.

Ciel! quel acharnement! un si grand repentir
Annonce bien le Dieu qu'il venoit de trahir!
(On entend un grand-bruit).

SCENE X.
UN BOURGEOIS.

Une sédition s'élève dans la Ville,
Seigneur, de la calmer il sera difficile,
Si, par votre présence, imposant aux mutins,
Vous ne rompez bientôt leurs criminels desseins.
On demande Jesus, et deux partis se forment
Pour le perdre ou sauver, tous; deux s'arment,
informent:
Les Prêtres, les Marchands ont déjà pris les armes,
Les quartiers sont remplis de troubles et d'alarmes.
L'un des Disciples, Pierre, à combattu Malchus
Mais lui, ses compagnons dispersés et battus,
Semblent abandonner leur bon malheureux Maître;
Tous redoutent Caïphe, et déjà par ce traître

Jesus est condamné; les apprêts de la mort,
Se disposent ici, l'on pleure sur son sort.
Il a fait tant de bien en toute la contrée,
Que du Peuple attendri la fureur s'est montrée;
Mais le parti contraire, ha ! l'emporte en ce jour,
Si vous ne paroissez, tout espoir sans retour
Va faire triompher les Soldats de Caïphe;
Tous craignent les complots de ce premier Pontife?
Entendez les clameurs, le bruit des combattans,
On apperçoit d'ici leurs bataillons sanglans;
Ils semblent s'avancer; évitons leur vengeance,
Ils confondroient, Seigneur, le crime et l'inno-
cence.

SCENE XI.

PRETRES, SOLDATS, PEUPLE, MADELEINE.

Un Prêtre.

La victoire est à nous! disposant de Jesus,
Nous vengerons nos droits: les ennemis vaincus,
Se sauvent devant nous, les gens du faux Prophète
Sont enfin dissipés; ce perfide interprête?
De nos bras et nos traits n'a pu se préserver;
Et d'un juste courroux, en vain pour se sauver,
Il eût prié son Dieu; le nôtre véritable
S'est fait connoître à tous vainqueur et redoutable;
Allons jouir du fruit du plus heureux combat,
Dont se soient illustrés l'officier, le soldat.

SCENE XII.
MADELEINE *(seule)*.

En quoi ! Jesus leur est enfin livré,
De ce malheur affreux mon cœur est pénétré...
Je le sais trop, hélas ! les Docteurs et les Prêtres
Voudront sacrifier le plus humain des Maîtres ?
Ils voudront sur Jesus rejetter leurs forfaits ;
Déjà de leur fureur on reconnoît les traits.
Ah ! puissé-je mourir avec Jesus, mon maître !
Et son disciple, ici, Judas, ingrat et traître,
A donc pû le trahir ! Dieu juste ! Dieu vengeur !...
Souffriras-tu ce crime ? un Prêtre, un imposteur
Réussiroit enfin dans ses complots perfides !
Du meurtre de Jesus, ces cruels homicides
Joüiroient en ce jour ! je ne puis le penser,
Si je le supposois, je croirois t'offenser....
Cependant ô mon Dieu ! ton Fils, le vrai Messie,
Ah ! suit de tes decrets la sage prophétie !
Il a fallu, dit-on, qu'il fût ainsi trahi,
Et l'arrêt de sa mort doit être en tout suivi.
Le sang de l'innocent doit sceller ce mystère,
Et, pour nous sauver tous, ainsi le veut son Père.
Puisqu'il le faut subir ce destin rigoureux.
Je ne survivrai pas au sort le plus affreux.
Oui, Jesus, en ce jour, oui, je me sacrifie ;
S'il faut que tu périsse, ah ! je perdrai la vie ;
Je m'attache à tes pas, ô Jesus ! tes douleurs
Vont être le signal de mes sanglots, mes pleurs ;
Tes cruels ennemis, et ces Prêtres barbares,
Avides de ton sang, dont ils seroient avares,
S'ils avoient tous mon cœur ; ils ne lanceront pas

Un seul trait , un seul coup , qu'au plus affreux
        trépas.
Je ne m'expose aussi ! Toi le meilleur des Maîtres ,
Oui , je te sauverai de la fureur des traîtres ,
Ou leurs sanglantes mains arracheront ce cœur
Qui ne veut respirer que pour son Créateur...
Dans cette extrémité , Pierre éperdu , sans armes ,
Paroît nous annoncer de nouvelles alarmes.

SCENE XIII.
MADELEINE , PIERRE.
MADELEINE.

Jesus est-il sauvé ?
                PIERRE.
                        Je ne le connois pas...
Que voulez-vous me dire ?.. Est-ce pour le trépas...
Que l'on veut tenter Pierre ?....
                MADELEINE.
                        Ah vous ! vous , son intime !
Quoi , vous l'abandonnez ! quelle foiblesse ! ô
        crime !
                PIERRE.
Je ne le connois pas ! cessez de m'éprouver ,
                MADELEINE.
Il renonce son Maître , et cherche à se sauver ;
Ainsi , c'en est donc fait ; ce sanglant sacrifice ,
Il va donc s'accomplir ! ce que peut l'artifice ,
La noire calomnie , ah ! tout est disposé ,
Et de sauver Jesus il seroit mal aisé :
Allons , puisqu'il le faut , mourir avec mon Maître ;
Leurs complots , leurs forfaits , achevons de con-
        noître...

Pilate qui paroît, voudroit bien contenir
Des Prêtres factieux cherchans à le trahir.

SCENE XIV.
PILATE (seul).

Caïphe tu l'emporte, et les Princes des Prêtres
Refusent d'obéir aux Romains, leurs vrais Maîtres!
Disposant son supplice, ils vont perdre Jesus;
Rien ne les touche en lui, sa candeur, ses vertus...
Mais je vois un Bourgeois....

SCENE XV.
PILATE, UN BOURGEOIS.
Le Bourgeois.

Seigneur en votre absence,
Non, il n'est point d'horreurs, dont leur extra-
vagance
N'ait comblé les forfaits; et sur un malheureux
Ils cumulent ici des supplices affreux.
Sa douceur, son sang-froid, et tout, jusqu'à ses
larmes,
Excitent dans les cœurs les plus vives alarmes!
De Bourreaux et Soldats il est enveloppé,
Il a paru bénir celui qui l'a frappé.
Il n'est sortes d'affronts, dont le sanglant outrage
Ne soit fait à Jesus; par-tout à son passage.
C'est peu d'être jouet de leurs dérisions,
Ils l'accablent de coups, de malédictions!
Il souffre l'impossible, et pourtant nulle plainte,
De son cruel martyr, n'annonce la contrainte;

Et déjà de la mort les horribles apprêts,
Nous montrent qu'en ce lieu les plus affreux
     decrets
Vont être exécutés, sans qu'aucune Puissance
En retarde aujourd'hui l'exécrable sentence.
Couronné d'une épine et le visage en sang,
De tous ces assassins, Jesus est vers le flanc,
Un roseau dans la main, vêtu de l'écarlate,
Suivi de Madeleine, et Marie, et de Marthe.
Dans leurs forfaits, c'est peu de le mistifier ;
Ils ont déjà la croix pour le crucifier.
Ils veulent l'en charger, et lui-même au supplice
Doit porter l'instrument de l'affreux sacrifice.
Venez, Seigneur, venez, et qu'un Chef des Ro-
     mains,
Sauve, enfin, l'innocent de leurs sanglantes mains ?

ACTE IV.

SCÈNE PREMIERE.
QUELQUES BOURGEOIS.
L'UN D'EUX

CIEL ! envain les Romains, d'une action infâme
Voulant parer le coup, cherchent de cette trame
A sonder les replis, et Jesus va mourir,
Sans que les assassins on puisse ici punir !
Je sortois du Prétoire, et la foule empressée
A cette injuste mort sembloit intéressée.
Vainement pour sa vie on imploroit les Juifs,
Il s'est trouvé proscrit par leur cris excessifs.
Ses vertus, ses talens, n'ont point touché leurs âmes,
Ils poursuivent le cours de leurs funestes trames,

Leurs cœurs sont endurcis, et déjà condamné,
Jesus vers le supplice est, dit-on, entraîné.
Vous entendez leurs cris ? on l'a chargé lui-même
De porter l'instrument de leur fureur extrême.
Ah ! courbé sous sa croix, à-peine il peut marcher !
Suivi de ses , bourreaux je le vois s'approcher.

SCENE II.
JESUS, PEUPLE, SOLDATS.

JESUS couronné d'épines , vêtu d'une tunique d'écarlate ,
la croix sur une épaule , la soutenant d'une main ,
et de l'autre un roseau , paroît affaissé et succombant :
il tombe vers le milieu de la scene comme écrasé
par le poids de la croix ; un garde veut le percer
d'un coup de lance ; Jesus se relève avec tout le cou-
rage que lui permet sa position , et dit :

Reservez-moi ce coup. ah ! pour ma derniere heure !
J'ai bien plus à souffrir, avant qu'ici je meure ;
Telle est la loi d'un Dieu , les Prophétes l'ont dit,
Tout, suivant leur decret, en ce jour s'accomplit.
O mon Dieu ! Dieu puissant ! puisque le Fils de
　　　　　l'homme ,
Doit de ces maux cruels subir toute la somme ,
Epargne mes bourreaux ; à la fatalité
Impute , ô juste Dieu ! toute leur cruauté !
Marchons.....

SCENE III.
LES PRÉCÉDENS: PILATE.
(à la tête d'un groupe de Romains et Bourgeois armés.
PILATE.

NON ! arretez ! ô barbare Caïphe !

Voilà donc les excès d'un Prêtre, d'un Pontife!
As-tu bien pu le croire, ah! que de vrais Romains
Ne pussent arracher de tes sanglantes mains
Le juste et l'innocent? Il faut que ta furie
A vous, à vos Soldats, vous coûte à tous la vie,
Frappons...

(Combat, évolutions de troupes, Jesus est enfin, entraîné au supplice).

Un Disciple.

C'en est donc fait, et le Peuple vainqueur,
Veut, va sacrifier son plus grand Bienfaiteur.

Pilate.

Tu triomphe Caïphe et les barbares Prêtres,
Pour flatter tes desirs sont autant de vrais traîtres.
Mais Peuple, écoutez-moi; j'ai le droit dans ce
  temps
De sauver un coupable une fois tous les ans,
Au lieu de Barrabas, sauvons votre Prophète;
Que parmi vous encor, Jesus soit l'interprête
De la Religion; respectez sa candeur,
Et si toujours pour vous il eut un si bon cœur,
Ne persécutez point la vertu, la sagesse;
Craignez de votre Dieu la fureur vengeresse.

Le Peuple.

Non! sauvez Barrabas et laissez-nous Jesus.

Pilate.

Rien ne peut attendrir, de vos cœurs corrompus,
L'affreuse barbarie, ames viles, cruelles,
Vous répondrez un jour de vos mains criminelles,
Quel crime a-t-il commis pour le faire mourir?
En est-ce un d'être sage et de vous pervertir?
Que lui reprochez-vous en tous lieux, comme au
  temple,

D

D'une piété vraie, il vous donnoit l'exemple;
Il soulageoit le pauvre, honoroit la vertu,
Et le vice par lui fut toujours combattu;
S'il trouvoit un coupable et son Disciple en faute,
Par une parabole, ou bien une anecdote,
Il savoit le reprendre et jamais par l'aigreur,
De son frère en public il découvrit l'erreur.
Ménageant son prochain, épargnant son semblable,
Jesus étoit clément, humain et charitable;
Il pardonnoit à tout, même à son ennemi,
Et des hommes toujours il fut vraiment l'ami;
Mais voici Madeleine....

SCENE III.
LES PRÉCÉDENS, MADELEINE.
MADELEINE.

Ah! Seigneur ces barbares
Dans leur vengeance atroce, inhumains et bisares...
ils ont assassiné le plus doux des humains!
Si vous les eussiez vus de leurs cloux dans ses
      mains,
Enfoncer les poignards, son sang jaillir sur terre,
Il subit ces tourmens sans fiel, ni colere...,
On l'élève à la Croix, entre deux criminels;
Il leur donnoit encor des avis fraternels;
Il les encourageoit, et ses vives prières,
Pour les porter au bien, sont des traits de lumières.
Enfin sur cette Croix, avili dans ce lieu,
Son corps annonce un homme et son esprit un Dieu;
C'est la seule vertu, c'est la seule sagesse,
Qui sur Jesus attire une fureur traitresse;
Et tout prêt d'expirer, ah! Jesus prouve aux Juifs,
Que malgré leurs forfaits, leurs efforts excessifs
Pour le calomnier; s'il n'est point leur Messie

Il mérite de l'être. Oui, si la prophétie
Parut nous annoncer un Etre tout divin,
N'en doutons point Seigneur, Jesus est cet humain;
C'est le mortel choisi pour régner sur nos Pères,
Un jour on connoîtra le plus grand des mystères.

(Tonnère, Pluye de feu, Tremblement de terre,
des Ombres sortent des tombeaux).

Mais j'apperçois déjà la vengeance d'un Dieu;
La terre et les Enfers tout s'agite en ce lieu.
Reconnoissez ô Juifs! au bruit de ce tonnere,
A ce boulverse ment et tremblement de terre,
Cet Etre tout divin. Quelle confusion !
Tout semble consterné... dans l'agitation....
Des morts ressuscités, et du temple la voûte
Par un coup de tonnere abbatue et dissoute....
Ces soldats renversés... Dieu! prend pitié de nous,
Et que sur les seuls Juifs soient lancés tous tes coups.
Dieu conserve mon Maître, ah ! sauve-lui la vie;
Puissai-je me jetter aux pieds de ce Messie,
Le revoir, l'arroser du torrent de mes pleurs !
O Ciel, daigne calmer, appaiser ses douleurs!
Mais Caïphe en ces lieux, il ose encor paroître;
Il faut que de ma main je punisse ce traître....
Non, Dieu saura venger ses insignes forfaits;
Il en connoît le but, la noirceur et les traits ?

SCENE IV.

Les Précédens : CAIPHE, suite
MADELEINE.

Scélérat tu le vois, et la nature entière
Semble enfin condamner ta fureur meurtrière;
Mais quels nouveaux malheurs vient-on nous
     annoncer ?...   D 2

SCENE V.
LES PRÉCÉDENS: UN PRETRE.
LE PRÈTRE (*à Caïphe*).

Seigneur tout est perdu, tout paroît renverser
Nos vœux et nos projets; le Peuple avec surprise
Voit la sinistre fin d'une telle entreprise,
Ah! vous l'appercevez, on veut nous condamner,
Et le Ciel contre nous vient de se déclarer.
Des Bourgeois éperdus s'arment l'un contre l'autre,
Aucun malheur ici, non, n'égale le nôtre.
N'enten-ton- pas des cris? Voyez nos Citoyens,
Ah! de leur propre sang ils vont teindre leurs
  mains.

Citoyens et Soldats se combattant avec confusion et paroissants s'en-
tretuer.

N'en doutons pas, Jesus étoit le vrai Prophète,
Qui du Ciel annonçoit le divin interprête;
Mais Pierre consterné s'avance vers ces lieux.

SCENE VI.
LES PRÉCÉDENS: PIERRE,
PILATE.

Ah! l'ame de Jesus retourne vers les Cieux,
Le crime est consommé; la mort la plus hideuse
Vient de nous enlever cette ame vertueuse;
Un Soldat en furie a lancé vers son cœur
Le dernier coup, hélas! de toute leur fureur.
Jusqu'au dernier moment assouvissant leur rage,
Pour étancher sa soif du vinaigre en breuvage,
Ils ont avec l'éponge offert à leur Sauveur.
Le Ciel vient de venger un aussi grand malheur,
Et la nature enfin a sû faire connoître
Qu'en immolant Jesus, on immoloit son Maître.

Mais moi tout le premier l'ai-je bien pu ;
Il me l'avoit prédit,... ma trop foible vertu...
J'ai pu le renier... ô Ciel toute la vie
J'aurai regret d'avoir été traître au Messie.
Ainsi donc par les siens il vient d'être trahi,
Judas l'aura livré, dans le crime endurci
Il a perdu son maître ; et moi craintif et lâche
Je n'ai pu l'avouer : ah ! quel affreuse tache
A nous, ses compagnons, qui de tant de bienfaits,
De ses tendres avis ressentions tous les traits :
Il etoit notre pere, il etoit notre maître :
Et moi le plus zelé je suis devenu traître.
Judas s'en est puni, je crains donc bien la mort...
Pour avoir pu survivre à ses jours, à son sort.
Qui nous rendra seigneur ce guide doux et sage
Qui de notre salut s'etoit rendu l'ôtage
Riches, ou malheuseux tous le mortels enfin :
Vousperdez ses bienfaits ; la veuve et l'orphelin
Seront sans defenseur. Ah ! Jesus notre maitre
Etoit le seul ici qui se plaisoit à l'être.
Allez je le prédis, notre Religion
Sera seule partout digne d'attention.
Cette secte à son chef devra donc la fortune
Envain pour se venger, la fureur peu commune
Des Prêtres et des Juifs inventant les détours
D'un homme vraiment Dieu pouvoit trancher les
                                        jours.
Ils se verront les seuls, leur noire perfidie
Ne peut se soutenir contre notre Messie.
Qu'on cite une Morale, une Religion
Et plus sainte et plus belle, où les sens la passion
Liés avec plus d'art puissent dans leur foiblesse
Attacher les humains aux mœurs, à la sagesse.

Sainte Religion tu regras un jour
L'Univers en entier ; Jesus par son amour,
Par ses grandes vertus, enfin par son courage
Retire les humains du barbare esclavage
De funestes erreurs. Les mortels en ce lieu
Comme en tout l'Univers, verront que d'un seul
            Dieu

Il nous faut reconnoître et les droits, la puissance
Et que pour l'adorer nous avons l'existence.
Lui seul, oui ce vrai Dieu fut le grand ouvrier
De tout ce qui respire en l'Univers entier.
Un auteur à fait tout, c'est l'effet à la cause ;
Certes c'est blasphemer que penser autre chose.
Car rien n'est fait par rien, ce qui n'est pas prescrit,
Où n'est pas ordonné, tout, tout le contredit.
Le hazard manque tout et sur nulle assurance
On ne pourroit aumoins en calculer la chance
Il faut donc un esprit, un être tout divin
Qui détermine ici le principe et la fin.
Naturaliste, Athée examine l'ouvrage,
Et vois si le hazard d'un si riche assemblage
A combiné l'essor ; ce Temple, ce Vaisseau,
Cette Horloge superbe et ce que le pinceau
Pourroit nous peindre ící, tout enfin est l'ouvrage
D'un homme et d'un auteur ; mais lui seul, son image
La Nature enensemble, un Dieu juste et Puissant
Est, est vraiment l'auteur de ce tout surprenant....
Mais songeons au malheur....

            MADELEINE.

                    Puisqu'en cette journée
Notre infortune ici, la triste destinée

Nous ont privé d'un maître, allons l'ensevelir
L'embaumer et lui rendre avant que de perir
Tous les derniers honneurs qu'on doit à sa memoire,
A nous, à nous amis consacrons en la gloire...
J'apperçois ses bourreaux, fuyons....

SCENE VII.
CAIPHE et SUITE.
L'UN D'EUX.

CE faux Messie
Ajoutant aux forfaits, ainsi qu'à sa folie,
S'est flatté devant nous.... nous...et publiquement
Qu'il ressusciteroit, il en fit le serment;
Seigneur pour le garder, permettez que des Prêtres
Veillent sur le tombeau du premier de ces traîtres;
Evitons leur mensonge, et que quelqu'autre erreur
Ne ressuscite pas le prétendu Sauveur.

CAIPHE.
Allons, que des Soldats placés sur le Calvaire,
Oui, même après sa mort, veillent sur le faussaire.

ACTE V.

SCENE I.
DISCIPLES. et SUITE.
PIERRE.

DES Soldats appostés du tombeau de Jesus,
Gardent dans le secret les chemins défendus;
Mais que peut contre un Dieu toute leur vigilance,
En vain ils y mettroient la moindre confiance,
Et tout le genre-humain garderoit ce tombeau,
Que Dieu l'écraseroit comme un frêle arbrisseau.

S'il vouloit que Jesus, ainsi qu'un vrai Messie;
Ressuscitât pour nous suivant la prophétie...
Mais que viens-je d'entendre, un coup de foudre,
              hélas !
m'si   e entr'ouvrir la terre encor dessous nos pas,
Un nuage éclatant.....

Ce nuage et d'autres qui sortent du calvaire, au lieu du sépulbre, se
succèdent rapidement, le dernier porte Jésus ayant sa croix à son côté
au milieu des éclairs et d'un tonnerre dont les Gardes ont été foudroyés.

SCENE II
LES PRÉCÉDENTS: JESUS *(sur le nuage vers*
le milieu de la scene)
J E S U S.

ALLEZ, qu'aucune crainte
De me voir parmi vous ne trouble cette enceinte,
Soyez en paix, croyez que le Fils d'un vrai Dieu
Pour le salut de tous a souffert dans ce lieu.
Vos Prophêtes ici prédirent ces souffrances
Dont il fut la victime avec zèle et constance;
Je ne vous quitte pas, et toujours avec vous
Ce sera pour mon cœur les instants les plus doux.
Je vole vers mon Père, et sous diverses formes
Vous me verrez souvent; que vos desirs conformes
A la Religion que je viens d'établir,
Vous retrouvent par-tout enclains à me servir
Soyez en paix, adieu.

PIERRE.

                      Ah ! Seigneur, de ta gloire
Nous allons célébrer les hauts faits, la mémoire;
Il est ressuscité, nous sommes les témoins
Que les decrets d'un Dieu sont suivis en tous points.

Puisque Jesus encor daigne habiter la terre,
Le malheureux, le pauvre ont retrouvé leur Père ;
Il ne vous quitte point, lui-même l'a promis
En parlant à nos cœurs éperdus et surpris.
Il veillera sur nous, il guidera le zéle,
Qui pour le bien servir en tous lieux nous appele.
Maisdes Gardes, sans doute, ont prévenu les Juifs,
Car tous vers le tombeau paroissent attentifs,
Ils le voient ouvert, il semble en cette crise
Qu'ils soient comme accablés d'une telle surprise,
Évitons ces Bourreaux, et laissons à leursPrêtres
Le soin de découvrir les complots de ces traîtres.

SCENE III.
PLUSIEURS PRÊTRES, et DOCTEURS.
Un Docteur.

Seroit-il donc possible, et ces bruits répandus,
Qu'ils ont vus sous leurs yeux ressusciter Jesus?
Pourroient-ils donc se croire ? eh mais ! non, la
      nature
N'a point tracé les faits de semblable avanture.
Tout arrêt de la mort qui fut executé,
Jamais ne fit revoir l'homme ressuscité :
Sans doute un Dieu peut tout ; mais de cette
      merveille
Aucun exemple encor n'a frappé notre oreille,
Dumoins jamais nos yeux n'en ont été temoins,
Et cette histoire ici paroît fable en touts points.
C'est pour séduire encor le Peuple qu'on abuse
De ce nouveau détour, c'est vainement qu'on use ;
Les loix de la nature ont tracé le seul but,

Où le mortel finit, tel qu'il est, tel qu'il fût;
Et tout être ici bas qui prétend le contraire,
Est un vil imposteur traçant une chimère.

UN PRÊTRE.

Soyez bien assurés et retenez au moins
Que de semblable fable, on n'aura pour témoins
Que gens intéressés à faire croire la chose
Pour en exagérer et l'effet et la cause.
Prévenons ce malheur, notre Religion
Doit nous faire nier la résurrection
D'un Criminel proscrit, et qui n'eût dans sa vie
Rien de si surprenant, sinon l'hypocrisie.
C'est peu d'avoir du Maître étouffé les forfaits,
Il faut que de sa secte on détruise à jamais
Les Disciples séduits; dissipons leurs cohortes,
Eloignons-les, il faut les chasser de nos portes:
Craignons l'hypocrisie et leur air suborneur,
Il n'en est pas un seul qui ne soit imposteur;
Ils veulent tout changer, et je sais que les traîtres
De notre culte ici disent être les maîtres:
Allons donc leur apprendre, en les massacrant
      tous,
Qu'ils méritent les traits du plus juste courroux.
(On entend les gémissemens d'une Femme).

SCENE IV.
MADELEINE *(seule).*

Madeleine, ô mon Dieu! pleurant en ton absence!
Ne cesse d'invoquer ta divine présence!
Telle est de son amour le zèle et la ferveur,
Qu'elle ne vivroit point sans son Dieu, son Sauveur.
Qui formeroit ses vœux? de tout abandonnée,
Eh! que ne suis-je, hélas! à la mort condamnée?

Quoi ! je n'entendrois plus en ces tristes climats
Celui qui par sa voix savoit guider mes pas ;
O mon Dieu ! trop long-temps à moi-même livrée,
Je devins le jouet d'une foiblesse outrée.
En vain le repentir a réparé mes torts :
Je ne puis étouffer les sinistres remords
Qui m'accablent toujours, ô Jesus ! ô mon Maître,
Mon vrai Consolateur, le seul qui puisse l'être !
Connoissez ma détresse et détournez mes pleurs ;
Ah ! daignez, s'il se peut, appaiser mes douleurs.

SCENE V.

MADELEINE, JESUS *(sans se faire connoître).*

JESUS.

FEMME, soyez en paix et retenez vos larmes ;
Pourquoi cette douleur, tant de sujets d'alarmes ?
Vos remords ont suffi; pensez-vous donc qu'un Dieu
Soit injuste et barbare ? ah ! croyez qu'en tout lieu
Il aime à pardonner, et c'est cette clémence
Qui vous démontre en tout l'auguste Providence.
Mais hélas ! pour Jesus il a fallu qu'ici
Des plus noirs attentats il fut en tout noirci :
Dieu l'avoit décidé ; ses plus sages Prophètes,
De son affreuse mort furent les interprètes ;
Ce mystère est d'un Dieu, vous ne devez entrer
Dans ses desseins secrets; loin de les pénétrer
Adorez en silence, et sachez qu'il fait grâce,
Qu'en bontés et bienfaits rien ici le surpasse.

MADELEINE. *(avec enthousiasme).*

C'est Jesus, c'est mon Dieu, c'est lui, c'est mon
       Sauveur
Qui me parle si bien, avec tant de douceur !
Seigneur je me prosterne.... Ah ! cette prophétie

Qui faisoit mon espoir, elle est donc accomplie...
Il est ressuscité mon vrai Maître...O Jesus !....
Je le puis donc encor, contempler vos vertus.
L'existance à Jesus en ces lieux fut ravie ;
Mais la mort fut contrainte à lui rendre la vie ;
Le vrai Dieu qui la donne a renoué le fil,
Et Jesus va le suivre aprésent sans péril.
L'éternité pour vous va célébrer la gloire,
Du Père et de son Fils, d'un Dieu dont la mémoire
Restera toujours là... C'est là... C'est dans ce cœur
Que sont gravés les traits de mon divin Sauveur..

JESUS (*sort sans être apperçu*).

SCENE VII.

MADELEINE.

MON Maître est disparu ; Jesus quitte la terre
Il retourne régner au céleste hémisphère.
Ah ! je vais méditer dans ma félicité
Les moyens de jouir de toute sa bonté....
Pilate avec Caïphe en ces lieux va parroître
Leur demarche et leur voix je pense reconnoître

SCENE VII.

CAÏPHE PILATE.

QUoi ! vous ? pourriez encor, Seigneur, ajouterfoi
A ce mensonge affreux ? ah ! certes quant à moi,
La résurrection me paroît un vrai songe
Bien digne du mépris où leur secte les plonge.

PILATE.

Mais permettez, Seigneur, votre Religion
N'est pas exempte en tout de telle fiction.

CAÏPHE.
Vous allez comparer notre sainte écriture
A ces faits inventés de la folle avanture,
Dont ces vils suborneurs boursouflent le récit.
Qu'avons-nous de commun avec un Anté-Christ ?
Avons-nous fabriqué des histoires pareilles ?

PILATE.
Votre Religion de semblables merveilles
Par-tout est un tissu ; le seul attouchement
Du Prophête Élisée eut tel enchautement,
Un mort ressuscita ; depuis notre naissance.
Ah ! pour notre malheur, tout n'est qu'extrava-
        gance.
Depuis Adam, Noë ; depuis Eléazar,
Tout n'est qu'enchantement de l'une et l'autre part ;
Ici, c'est de Noë le merveilleux déluge,
Et plus loin c'est Moïse qui, grand profête et juge,
Dicte le Décalogue, en un nuage épais,
Sur le Mont Sinaï, dont il fait un Palais
Eclatant de lumière et de feux et de foudre,
Paroissant menacer de mettre tout en poudre.
Et là, c'est Daniel dans la fosse aux Lyons....
Où des Anges aux Cieux, différens Escadrons,
Fixants les Élémens, les changeant de nature,
Pratiquant sur les eaux la route la plus sûre,
Otant la force au feu, arrêtant le soleil ;
Sans cesse nous montrant quelqu'accident pareil.
Et sur ces faits pourtant croyants opiniâtres,
Les autres vous traitez de Payens, d'idolâtres.
Mais la Mitologie et ses Religions,
Comme la vôtre folle en leurs opinions,
Dénaturent les Cieux et chacun se croit sage ;
Mais c'est Dieu qui l'est seul, le sera dans tout âge.

Que lui sert en effet qu'un Etre si petit
Observe dans son culte ou l'un ou l'autre rit ?
N'est-il pas au-dessus de leurs folles prières,
Des honneurs qu'on lui rend dans nos fourmilières?
Il a pitié de l'homme, et loin de se venger,
Il met toute sa gloire à ne pas y songer.
Ne critiquez donc pas votre nouveau Messie,
Respectez ses vertus et votre prophétie ;
Et puisqu'enfin il faut une Religion,
Honorez dans chacun sa propre illusion..

CAÏHHE

Il faudra donc quitter les Dieux de sa Patrie,
Honorer, encenser l'astuce et l'industrie
Des premiers Charlatans qui se diront des Cieux
Les envoyés secrets; des Docteurs captieux
Loin d'être réprimés, ils auront donc la gloire
De commander au Peuple et de lui faire croire
Tout ce qu'il leur plaira : disposant de nos biens
Ils pourront ruiner l'État, les Citoyens.
Il faudra contenter leur extrême avarice,
Se resoudre à souffrir le plus affreux suplice ;
Et les Prêtres privés de leur religion,
Et forcés d'assouvir la rage et passion
De ces cruels intrus, ils verront leurs richesses,
Leurs rangs leurs dignités, des Peuples les largesses
Etre bientôt la proie, en ces siécles de fer,
Du premier Imposteur qui pour les étouffer
Et les perdre à son gré par son hypocrisie,
De paroître un Prophête aura la frénésie.

PILATE.

Puisqu'enfin ils sont tous traîtres et imposteurs,
Qu'importent les défauts, les vertus des Docteurs;
Ne suffit-il donc pas qu'on puisse reconnoître

Les perfides desseins et les talens d'un traitre ?
Devant sur-tout choisir, c'est le plus vertueux
Qui mérite le plus de gouverner les Cieux.
Or, entre nous, Jesus par sa sage morale,
Ses grandes qualités, cette vertu loyale
Qui dirigeoit ses pas, s'il fut un imposteur
Il étoit un grand homme: il n'est point de Docteur
Qui dans Jérusalem ait prêché plus d'exemple,
Aux places, dans les champs, la cabane, où le Temple;
Non, jamais l'intérêt et l'ostentation
Ne le portèrent point à la Religion :
Il étoit pauvre et humble, et modeste et vrai sage ;
De vous autres Docteurs il abhorroit l'usage ;
Ce qu'il aimoit le plus, il l'enseignoit aussi,
Jamais, jamais en faute on le surprit ici.
Et pour lui pardonner, en vain ma voix plaintive
Implora de vos Juifs la fureur trop active :
Vous avez tous pensé qu'en le faisant mourir,
Vous pourriez étouffer jusqu'à son souvenir :
Le Ciel vous en punit, ses vertus et sa gloire
Survivront dans nos cœurs au temple de mémoire :
Entendez-vous ce Peuple et ces cris et ces chants ?
Tout de leur allégresse annonce les accents.

SCENE VIII.
PEUPLE, DISCIPLES, ET SUITE DE JESUS,
L'UN D'EUX.

Il est ressuscité ce vrai Dieu, ce Prophête,
Qui de nos vœux à tous fut toujours l'interprête;
Il a donc triomphé des Prêtres, des Docteurs
Qui l'avoient outragé de propos imposteurs.
Ce Dieu toujours clément pardonne à leur furie,
De son affreuse mort l'hideuse barbarie :
Loin d'aigrir dans son ame un sentiment vengeur,
Il vient pour nous prouver qu'un Dieu, qu'un vrai
       Sauveur
Nous devoit un exemple, il le donne à nos Prêtres,
A tous nos faux Docteurs qui s'erigent en maîtres.
Vainqueur, glorieux il règne dans le Ciel,
Couronné sur un Trône auprès de l'Éternel.

SENE IX ET DERNIERE.

LES Précédens : *Tonnerre , Nuages portant* JESUS.
JESUS *sans descendre de l'un de ces nuages.*

La paix soit avec vous; de vos tendres hommages
J'accepte dans ce jour les plus heureux présages,
Je vous ai tous sauvés, méritez ce bonheur,
Et garantissez-vous à jamais de l'erreur
Du culte des faux Dieux; mais ayez pour maxime
Que la vertu sur-tout méritât mon estime :
Chérissez votre frère, idolâtre, ou chrétien,
S'il est honnête et juste il sera toujours bien;
Fut-ce un jour de Sabat, il faut d'un bon office,
Autant que vous pourrez, lui rendre le service,
Mais sans bruit, sans éclat; ne confondez jamais
Les mots avec la chose, et sachez désormais
Que les mets en tout temps souilleront moins
                    votre âme,
Que fait la médisance ou bien une épigramme.
Innocent ou coupable, aimez votre prochain,
Avec zéle et candeur présentez-lui la main;
N'adorez qu'un seul Dieu, soulagez votre frère,
Eussiez-vous éprouvé son injuste colère.
Le véritable culte est dans la charité,
Ainsi qu'en vos vertus et dans la chasteté;
Et c'est par ces vertus que de toute la terre
Vous pourrez triompher dans ce vaste hémisphère.
Le Philosophe en tout, fut-il un vrai Payen,
Reconnoîtra son Dieu dans les loix d'un Chrétien,
Ah ! c'est par sa morale aussi juste que pure
Qu'il chérira l'Auteur d'une sainte Écriture.
Allez, soyez en paix, adorant le vrai Dieu,
Donnant l'exemple en tout, en public, en ce lieu
Que l'homme ne soit plus esclave en sa Patrie
De la loi des Docteurs, et de l'idolâtrie.

En même-temps que les nuages et Jesus remontent au bruit de la foudre
la toile se baisse.

FIN.

www.ingramcontent.com/pod-product-compliance
Ingram Content Group UK Ltd.
Pitfield, Milton Keynes, MK11 3LW, UK
UKHW022123170726
13837UKWH00003B/1322